Ptérosaure en danger

À ma femme ingénieuse, Cheryl, et à mes deux merveilleux enfants.
(Votre arrivée a rendu ce monde plus beau et plus précieux.)

REMERCIEMENTS :
Un grand merci à Cheryl Hebert, Isaac Loxton, Jason Loxton, Andre Hebert, David Patton,
William Bull et Pat Linse, pour leur aide à la photographie, leurs observations judicieuses et
toute leur assistance.

J'aimerais aussi remercier mes collègues Pat Linse et Michael Shermer, du magazine *Skeptic*,
pour leur esprit judicieux, leur appui et leurs encouragements soutenus.

Un merci particulier à Darren Naish pour ses conseils d'expert en paléontologie et le temps
qu'il m'a consacré si généreusement à partager ses connaissances.

Consultant scientifique : Darren Naish

ISBN 978-1-4431-2602-1

Titre original : *Pterosaur Trouble*

Conception graphique de Julia Naimska

Édition publiée par les Éditions Scholastic, 604, rue King Ouest, Toronto (Ontario)
M5V 1E1, avec la permission de Kids Can Press Ltd.

5 4 3 2 1   Imprimé à Hong Kong CP130   13 14 15 16 17

RETOUR DANS LA PRÉHISTOIRE

Ptérosaure en danger

Daniel Loxton

Illustrations de Daniel Loxton
et Jim W.W. Smith

Texte français de Claudine Azoulay

Le quetzalcoatlus s'élança dans le ciel, tel un cerf-volant géant. Ses ailes de grande envergure captaient le vent chaud.

Au-dessous de lui, il y avait la forêt, la côte et la mer. Il avait parcouru une grande distance en longeant la côte. Il n'allait pas tarder à s'éloigner de la mer et à traverser l'immense territoire verdoyant.

Cet énorme ptérosaure plana un instant… puis il inclina le bout d'une de ses ailes et continua sa route.

À une époque lointaine, il y a plusieurs millions d'années, les ptérosaures régnaient dans le ciel. Ils étaient les seuls à survoler les cimes des arbres.

Maintenant, ces reptiles géants partageaient le ciel avec de nombreux voisins bruyants : des petits dinosaures volants. Le ptérosaure ne se préoccupa guère de ces créatures qui s'assemblaient autour de lui en faisant battre leurs ailes à plumes, pas plus que des énormes dinosaures qui marchaient d'un pas lourd sur le sable au-dessous de lui.

Il poursuivit son vol. C'était un quetzalcoatlus, l'un des plus grands animaux volants qui aient jamais existé.

Le quetzalcoatlus s'éloigna de la mer et plana au-dessus de la forêt luxuriante. Cette nuit-là, il se jucha sur une falaise. Au lever du soleil, il chercha un endroit où se nourrir.

En bas, il repéra une rivière qui serpentait : le lieu idéal pour un déjeuner de poissons. Il prit son envol en direction des gorges onduleuses de la rivière.

L'ombre immense du ptérosaure courait le long de la berge et traversait les arbres.

Il était trop gros pour passer inaperçu.

Des yeux brillants s'ouvrirent sous l'ombrage de la forêt. Des silhouettes à plumes endormies les unes sur les autres se réveillèrent. Elles levèrent la tête et suivirent du regard l'ombre qui passait au-dessus d'elles. Elles claquèrent des dents et roucoulèrent. Ces créatures étaient curieuses et affamées.

Le quetzalcoatlus ralentit pour atterrir. Les battements lents de ses grandes ailes ridèrent la surface de l'eau. Puis ce géant de la taille d'une girafe s'immobilisa et se posa avec autant de douceur qu'une libellule.

Il marcha d'un pas lent et tranquille sur les rochers. Il pencha sa tête d'un côté, puis de l'autre. Son bec brillait dans la lumière matinale. Une brise chaude agitait les fibres fines, semblables à des poils, qui recouvraient son corps.

Le quetzalcoatlus préférait les grands espaces, où il pouvait traquer les petits animaux… tout ce qui marchait ou rampait. Mais à la vue d'une rivière poissonneuse, quel voyageur affamé ferait la fine bouche?

Tout près, un troupeau de tricératops assoiffés pataugeait dans l'eau. Chacun d'eux était aussi gros qu'un camion de livraison et était armé d'une paire de cornes pointues. Mais les tricératops étaient des herbivores et ne représentaient donc aucune menace pour le quetzalcoatlus. Il les ignora, et eux le laissèrent pêcher tranquille.

Tiens, tiens... Qu'est-ce que c'est? Un petit dinosaure à plumes s'approcha du quetzalcoatlus. Hummm... Était-il assez petit pour être mangé?

Le petit dinosaure s'avança de plus en plus près. Mal à l'aise, le quetzalcoatlus commença à s'agiter. Son instinct l'avertissait que l'animal ne se comportait pas comme une proie. Malgré sa petite taille, ce dinosaure agissait comme s'il était celui qui chassait, et non l'inverse.

Soudain, provenant de toutes les directions, on entendit
des crissements de griffes sur les roches et des sifflements.
Le quetzalcoatlus se retourna brusquement. Il y avait des petits
dinosaures partout! La meute de saurornitholestes se dirigea
vers lui et l'encercla. Alarmé par leurs piaulements sauvages
et perçants, le quetzalcoatlus eut un mouvement de recul.

Puis la meute de petits dinosaures féroces passa à l'attaque.

Le ptérosaure n'était pas une proie facile. Il était dix fois plus grand que ses assaillants. Son bec massif était dangereusement pointu.

Furieusement, il donna des coups de bec. La meute s'esquiva et se dispersa. Il se défendit à l'aide de ses puissants membres de devant, projetant les petits dinosaures dans les airs. Ceux-ci voltigeaient en poussant des cris rauques, puis retombaient dans l'eau.

Le bruit du combat retentit par-delà la rivière. Le ptérosaure RUGIT de colère et de peur. Les saurornitholestes criaient et sifflaient tout en attaquant encore et encore.

À l'arrière-plan, les tricératops alarmés mugissaient et secouaient leurs grandes cornes.

Le quetzalcoatlus était un géant imposant, mais parfois le nombre et la férocité comptent plus que la taille. Les saurornitholestes redoutables et rapides fondirent en masse sur l'énorme ptérosaure. Ils le mordaient avec leurs dents pointues et le lacéraient avec leurs griffes crochues.

Chaque fois que l'un d'eux se faisait renverser,
deux autres bondissaient sur le géant qui se débattait.
Le ptérosaure se tournait et se retournait, trébuchait et
titubait pour essayer de se libérer. Mais ils étaient trop
nombreux. Le géant devait s'échapper.

S'accroupissant sur ses quatre membres, le ptérosaure
rassembla ses forces... Puis il se redressa sur ses
puissantes pattes de derrière et arriva à décoller à
l'aide de ses longs membres de devant!

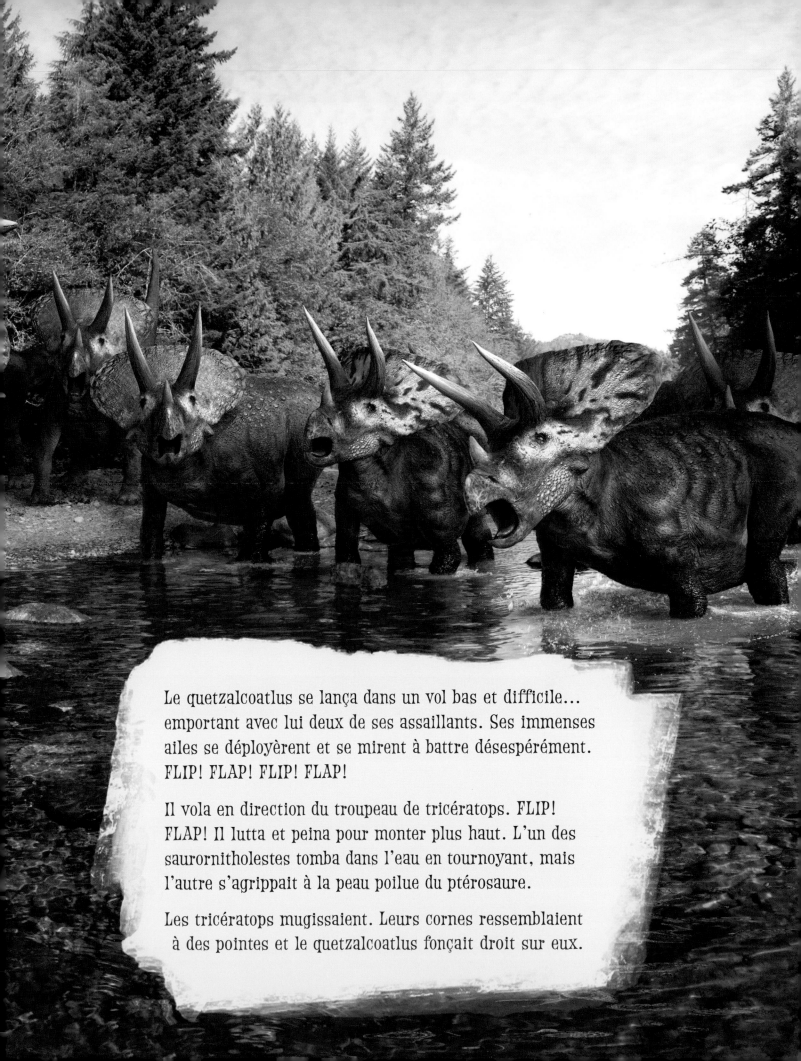

Le quetzalcoatlus se lança dans un vol bas et difficile...
emportant avec lui deux de ses assaillants. Ses immenses
ailes se déployèrent et se mirent à battre désespérément.
FLIP! FLAP! FLIP! FLAP!

Il vola en direction du troupeau de tricératops. FLIP!
FLAP! Il lutta et peina pour monter plus haut. L'un des
saurornitholestes tomba dans l'eau en tournoyant, mais
l'autre s'agrippait à la peau poilue du ptérosaure.

Les tricératops mugissaient. Leurs cornes ressemblaient
à des pointes et le quetzalcoatlus fonçait droit sur eux.

Frouuuuch! Le quetzalcoatlus rasa les tricératops. La peau fine de ses ailes effleura leurs cornes pointues.

Mais quel était ce bruit sourd? Le quetzalcoatlus s'était réfugié en lieu sûr, laissant son passager indésirable coincé sur la collerette du tricératops le plus gros, le plus fort et le plus hargneux du troupeau. Le petit saurornitholestes couina de peur. Les dinosaures massifs à tête cornue se resserrèrent autour de lui.

Sain et sauf, le quetzalcoatlus vola haut au-dessus des arbres. Ses blessures lui faisaient mal, mais il s'en remettrait.

Devant lui, l'immense forêt verdoyante s'étendait à perte de vue. Il survola très haut ce territoire sauvage. Il avait un long chemin à parcourir.

Mais d'abord, il devait se trouver un déjeuner.

Quetzalcoatlus et saurornitholestes

Les ptérosaures vivaient à l'époque des dinosaures. Ils étaient apparentés de loin aux dinosaures, mais ce n'étaient pas des dinosaures. Ce n'étaient pas des oiseaux non plus. C'étaient des reptiles volants géants.

Le quetzalcoatlus était une espèce de ptérosaure énorme. En fait, c'est probablement le plus grand animal volant qui ait jamais existé. Ses ailes avaient une envergure de 10 à 11 mètres. Quand il marchait sur le sol à la recherche d'une proie, avec son long cou, il était aussi grand qu'une girafe.

Le quetzalcoatlus a vécu à la fin de l'époque des dinosaures. Il a partagé la Terre avec de célèbres dinosaures géants, dont les tyrannosaurus rex et les tricératops (les herbivores à tête cornue de notre histoire). Le quetzalcoatlus côtoyait aussi de nombreux petits oiseaux primitifs : des petits dinosaures à plumes qui avaient développé la capacité de voler. Le quetzalcoatlus se nourrissait probablement d'animaux qu'il pouvait chasser au sol, comme des mammifères ou de petits dinosaures.

On a trouvé de nombreux fossiles de ptérosaures près des côtes. Mais on trouve aussi des fossiles de quetzalcoatlus et de leurs proches parents très loin de la mer. Ils ont peut-être vécu dans des habitats situés à l'intérieur des terres, migré ou bien survolé de grandes distances, comme nous le montrons dans notre histoire.

L'action de ce livre s'inspire d'une découverte de fossile réelle et étonnante, qui a eu lieu au Canada. Des scientifiques ont découvert un os d'aile de quetzalcoatlus (ou peut-être d'une espèce très proche) qui présentait des traces de morsures infligées par un petit dinosaure bipède et carnivore appelé saurornitholestes. Le saurornitholestes avait même laissé un bout de dent coincé dans l'os du ptérosaure.

Comment se fait-il qu'un saurornitholestes ait mordu cet os? Après tout, un saurornitholestes était plus petit qu'un loup... et beaucoup plus petit qu'un quetzalcoatlus. Il se peut que les saurornitholestes aient chassé les grands ptérosaures en meute, en unissant leurs efforts pour terrasser leur proie. Il se peut aussi que le saurornitholestes ait simplement mordu les os d'un quetzalcoatlus, mort d'autres causes. Comme c'est le cas pour tout ce que nous savons sur la vie du temps des dinosaures, de nombreuses questions restent encore sans réponse.